R.E.I. Editions

Tutti i nostri ebook possono essere letti sui seguenti dispositivi:
- Computer
- eReader
- iOS
- Android
- Blackberry
- Windows
- Tablet
- Cellulare

Dahlia & Marlène

La Cucina Libanese

ISBN: 978-2-37297-4431
Disponibile anche in formato Ebook - ISBN: 978-2-37297-4417

Pubblicazione: novembre 2022

Dahlia & Marlène

La Cucina

Libanese

R.E.I. Editions

Indice

La Cucina Libanese

La cucina libanese è forse una delle espressioni più tipiche della cucina mediorientale, estremamente varia e influenzata pesantemente dalla tradizione arabo-musulmana. Ciò si nota soprattutto nella prevalenza dell'utilizzo della carne di agnello, nell'uso abbondante della frutta secca, mandorle e pinoli soprattutto, e nei condimenti a base di succo di limone. Fra i piatti più noti ricordiamo l'Hommus bi-tahineh (purè di ceci e pasta di semi di sesamo), il baba ghannooge (purè di melanzane arrostite), e il falafel (polpettine di fave secche), le ali di pollo marinate in olio, limone e tanto aglio. Le minestre sono leggere, arricchite da lenticchie e speziate con cannella. Piatto tipico è il tabbouleh, un'insalata di prezzemolo, pomodori e burghul, con numerose varianti, il gusto ricorda decisamente il limone.

Diffuse sono le verdure ripiene come zucchine, zucche, melanzane e bietole con ripieni vegetariani, di carne e riso e di carne e pinoli. Si trovano comunemente sulle tavole i "kabees", i sottaceti libanesi, ma anche insalate e tantissima frutta di stagione. Nei dolci la cucina libanese prevede delle preparazioni quasi "professionale" che rendono di fatto quasi impossibile preparare in casa i dolci, che vengono quindi consumati fuori casa davanti a del caffè. Tra i dolci domestici si ricorda il "mamool" ei "kak el-eed", una sorta di biscottini col buco.

La cucina libanese è una delizia per niente costosa. Usando ingredienti freschi e saporiti e spezie raffinate, i libanesi hanno acquisito gli aspetti migliori della cucina turca e araba conferendo loro un tocco francese. Il caffè arabo è molto diffuso.

Tra le bevande analcoliche ci sono il 'jellab', una bevanda deliziosa a base di uva passa servita con pinoli, e l' 'ayran', un drink a base di yogurt. L'alcol costa poco ed è ampiamente disponibile; il liquore più popolare è l'ara', che viene mescolato con acqua e ghiaccio. Anche nel vino il Libano non teme confronti con le altre culture mediorientali.

C'è un'oasi in Libano che nella storia non è stata sfiorata dal fondamentalismo islamico, né dai conflitti: è la Valle della Bekaa, roccaforte di una delle più antiche produzioni di vino.

In Libano furono i fenici, quattromila anni fa, a portare la coltura della vite; la coltura della vite fu mantenuta e potenziata anche con l'arrivo della comunità cristiana ortodossa nel territorio, anche se la produzione era limitata al consumo per i riti ecclesiastici e per le loro mense.

A dare una spinta alla viticoltura nella Valle fu l'occupazione francese, in particolare nel periodo tra le due Guerre, e i vitigni coltivati maggiormente furono lo Chardonnay e il Sauvignon.

Oggi il Libano vanta una produzione di 5 milioni e mezzo di bottiglie all'anno, esportate in ben 18 Paesi, e il 90% proviene dalla Valle della Bekaa.

Awamaat

Le Awamaat sono delle deliziose frittelline addolcite da un leggero sciroppo di zucchero, appartengono alla gastronomia libanese ma costituiscono una vera prelibatezza nella loro semplicità.

Ingredienti e dosi per 6 persone

- 1 kg Farina
- 15 g Lievito
- 75 cl Acqua tiepida
- 1 bicchiere Acqua di fiori di arancio
- 1,5 kg Zucchero
- Olio per friggere q.b.

Preparazione

1. Preparate una fluida pastella con la farina, il lievito e l'acqua.

2.   Fate riposare in modo che raddoppi il proprio volume, per circa una mezz'ora.

3.   Preparate uno sciroppo con l'acqua, lo zucchero e l'acqua di fiori d'arancio, lasciate raffreddare.

4.   Riscaldate l'olio e buttate un cucchiaino di pastella alla volta nell'olio bollente.

Immergete le frittelle ancora calde nello sciroppo e servite.

Baba Ghanoush

Il Baba Ghanoush è un piatto molto popolare nel Medio Oriente e nella cucina libanese e siriana.
Il Baba Ghanoush è un antipasto/stuzzichino molto consumato durante il periodo del Ramadan e composto principalmente da una purea di melanzane condita con la tahina.

Ingredienti e dosi per 4 persone

- 2 Melanzane piccole
- 1 cucchiaio Olio di oliva extravergine
- Sale q.b.
- 2 spicchi Aglio
- 1/4 di bicchiere Tahina
- 1/2 limone spremuto

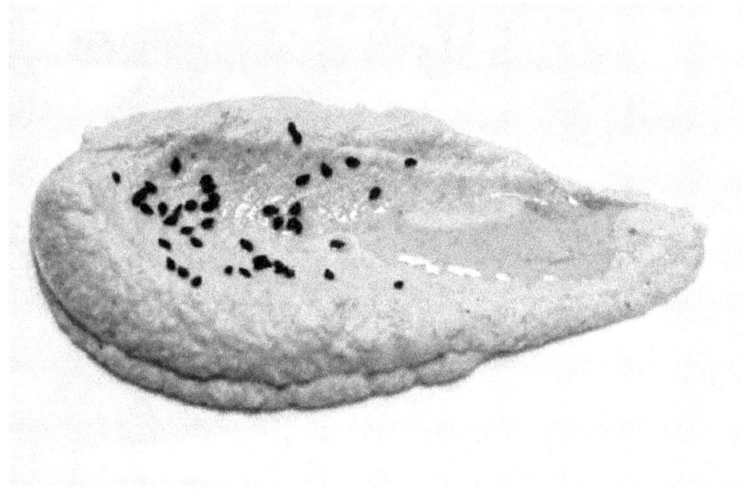

Preparazione

1. Prendere le due piccole melanzane (di circa 300g ognuna) e porle nel microonde a potenza di 650W, coprendole con un piatto di plastica idoneo.

2. Scavare quindi la melanzana nel frattempo pronta per essere svuotata della pasta interna.

3. Mettere nel frullatore con il Tahini e, quindi, servire.

4. La tahina è una crema oleosa che si ottiene dai semi di sesamo tostati e spremuti; si prepara con dei semi di sesamo tostati, del succo di limone, del sale, olio e due spicchi di aglio schiacciati.

5. Otterrete una crema morbida che metterete in una terrina, pronta per essere raffreddata nel frigorifero.

Babaghannush

Il Babaghannush è una minestra di verdure tipica della cucina libanese che utilizza la tahina, ossia una pasta di sesamo facilmente reperibile nelle macellerie musulmane.
E' una ricetta semplice degustabile a tutte le ore.

Ingredienti e dosi per 4 persone

- 2 Melanzane medie
- 2 cucchiai Tahina
- 2 Limoni, succo
- 4 spicchi Aglio
- 2 cucchiai Prezzemolo tritato
- 2 cucchiai Olio di oliva extravergine

Preparazione

1. Preriscaldate il forno a 200°C.

2. Lavate le melanzane e con uno stuzzicadenti praticate 4 o 5 buchi nella buccia, quindi cuocetele in forno per circa un'ora, girandole spesso. Una volta cotte, tagliate le melanzane in due per il lungo e mettetele a scolare su uno scolapasta, con la buccia verso l'alto, per 15 minuti, quindi sbucciatele.

3. Trasferite la polpa in una insalatiera, unite la tahina e schiacciate il tutto con una forchetta fino a ottenere una crema morbida.

4. Aggiungete l'aglio tritato, il succo di limone e l'olio. Mescolate con cura in modo da avere un composto omogeneo, quindi aggiustate di sale.

5. Guarnite il babaghannush con il prezzemolo tritato, olive nere e fettine di cetrioli e servite a temperatura ambiente.

Baklava

Dessert del Medio Oriente, le cui origini possono arrivare fino in epoca a.C. alla civiltà assira. Nel corso dei secoli, molti paesi del bacino mediterraneo adottano questa delicatezza e creato la propria versione.
Oggi ci sono decine di tipi di "Baklava".

Ingredienti e dosi per 4 persone

- 500 gr di pasta fillo o pasta sfoglia (anche surgelata)
- 350 gr di mandorle tritate
- 150 gr di pistacchi
- cannella in polvere q.b.
- 80 gr di burro fuso

Per lo sciroppo:
- 50 gr di miele
- 450 gr di zucchero
- 300 ml di acqua
- 2 cucchiai di succo di limone.

Preparazione

1. Preparate lo sciroppo di zucchero facendolo sciogliere sul fuoco con l'acqua, il miele e il succo di limone.

2. Dopo qualche minuto di cottura vedrete che diventa denso e che vela il vostro cucchiaio: toglietelo dal fuoco e fatelo raffreddare nel frigorifero.

3. Se usate la pasta sfoglia: Dividete la pasta sfoglia in almeno 12 parti e tiratele con l'aiuto di un mattarello in modo da ottenere 12 sfoglie sottilissime che stenderete in una pirofila rettangolare, ben imburrata e dai bordi alti.

4. Se usate la pasta filo: non dovete fare questa operazione in quanto le sfoglie sono già della giusta misura e spessore.

5. Spennellate la prima sfoglia con del burro fuso e adagiateci sopra altre cinque. Su questi primi sei strati cospargete le mandorle e i pistacchi tritati non troppo grossi; finite spolverizzando con la cannella in polvere.

6. Ricoprite il tutto con le altre sei sfoglie che andranno spennellate ognuna, inclusa la superficie dell'ultima, con il burro restante.

7. Prendete un coltello dalla lama tagliente, immergetela in acqua bollente e tagliate la pasta, fino a toccare il fondo della teglia, diagonalmente nelle due direzioni in modo da ottenere dei rombi.

8. Infornate a 180° per circa 40 minuti il tempo necessario a che la pasta si cuocia bene e risulti bella dorata.

9. Togliete il Baklava dal forno e versateci subito sopra lo sciroppo freddo facendo in modo che entri bene nelle linee che racchiudono i rombi.

10. Fate raffreddare e servite.

Batata Harra

Il Batata Harra è un delizioso contorno dai sapori piuttosto piccanti che ci arriva dalla tradizione Libanese.

Ingredienti e dosi per 4 persone

- 500 g Patate novelle
- 2 Peperoncini rossi
- 3 spicchi d'aglio
- 5 cucchiai Olio extravergine
- 1 mazzetto Coriandolo fresco
- Sale q.b.

Preparazione

1. Lavate le patate senza sbucciarle, asciugatele accuratamente e quindi tagliatele a cubetti. Soffriggetele nell'olio sino a quando risultino dorate e croccanti.

2. Tritate il peperoncino e il coriandolo. Sbucciate e tritate gli spicchi d'aglio.

3. Quando le patate sono dorate al punto giusto, unitevi il peperoncino e l'aglio, aggiustate di sale, proseguite la cottura per altri 3 minuti e aggiungete il coriandolo.

4. Togliete dal fuoco e servite.

Burghul alle noci

Nel burghul alle noci viene utilizzato il frumento germogliato e tritato grossolanamente, tipico delle regioni Medio Orientali come Libano e Siria; questo frumento prende appunto il nome di burghul.

Ingredienti e dosi per 5 persone

- 300 g Burghul a grana fine
- Sale q.b.
- 40 g Noci sgusciate
- 1 Cipolla
- 2 cucchiai Olio extravergine
- Alcune foglie di Menta fresca

Preparazione

1. Sciacquate il burghul, versatelo in una pentola e aggiungeteci 1/2 litro di acqua bollente salata.

Lasciatelo gonfiare per circa mezz'ora; pestate le noci, sbucciate e tritate molto finemente la cipolla.

2. Mescolate le noci e la cipolla al burghul, bagnate il tutto con un filo d'olio e trasferitelo in un piatto fondo da portata decorandolo con le foglie di menta fresca.

3. Lasciate intiepidire e portate in tavola.

4. Potete accompagnarlo con dello yogurt naturale fresco.

Cernia con salsa Tarator

La cernia con salsa Tarator è un piatto di pesce caratteristico della cucina libanese. La cernia viene accompagnata con la classica salsa Tarator, salsa al sesamo che potete trovare tra le ricette di cucina internazionale.

Ingredienti e dosi per 4 persone

- 1,5 kg Cernia
- 2 Pomodori
- 3 Limoni
- 3 cucchiai Olio di oliva extravergine
- 3 cucchiai Succo di limone
- 1/2 litro Salsa tarator
- Sale q.b.
- Pepe q.b.

Preparazione

1. Dopo aver accuratamente pulito la cernia, cospargetela di sale, di succo di limone e con una spolveratina di pepe, poi mettetela a riposare per circa 30 minuti.

2. Affettate i pomodori e i limone tenendoli separati.

3. In una teglia oliata, mettete sul fondo uno strato di fette di limone, adagiatevi sopra la cernia e copritela con le fette di pomodoro. Infornate e fatela cuocere a calore moderato per circa 50 minuti.

4. Sfornate e servite accompagnando con la salsa Tarator in una salsiera a parte.

Crema al cumino (mighli)

La crema al cumino è un insolito dolce al cucchiaio della cucina libanese, profumato dalle spezie, e da servire freddo. Questo dessert è anche privo di grassi (anche se purtroppo ha un pochino di zucchero).

Ingredienti e dosi per 8 persone

- 400 g. di farina di riso
- 400 g. di zucchero
- 2 cucchiai di cumino in polvere
- 1/2 cucchiaino di anice in polvere
- 1/2 cucchiaino di cannella in polvere
- 100 g. di pistacchi non salati
- 100 g. di gherigli di noci

Preparazione

1. Portate a ebollizione 2 litri di acqua.

2. Diluite la farina di riso in 3 dl. di acqua fredda, versandola poco a poco continuando a mescolare.

3. Versate nell'acqua bollente, unite lo zucchero spargendolo a pioggia, e poi le spezie.

4. Continuate a cuocere mescolando fino a che la crema si sarà addensata.

5. Versate la crema al cumino in coppette individuali, lasciate intiepidire , e poi mettete in frigorifero.

6. Al momento di servire ricoprite la crema al cumino con i pistacchi e le noci tritati grossolanamente.

7. Una variante prevede di usare pistacchi, mandorle e
   farina di cocco per completare la crema.

Eggah con porri

L'eggah con porri è una frittata ai porri, piatto tradizionale libanese che si differenzia dagli eggah con verdure tipici della cucina iraniana o mediorientale.

Ingredienti e dosi per 4 persone

- 5 Uova
- 500 g Porri
- 1/2 Limone
- 1/2 cucchiaino Zucchero
- Burro q.b.
- Sale q.b.
- Pepe nero q.b.

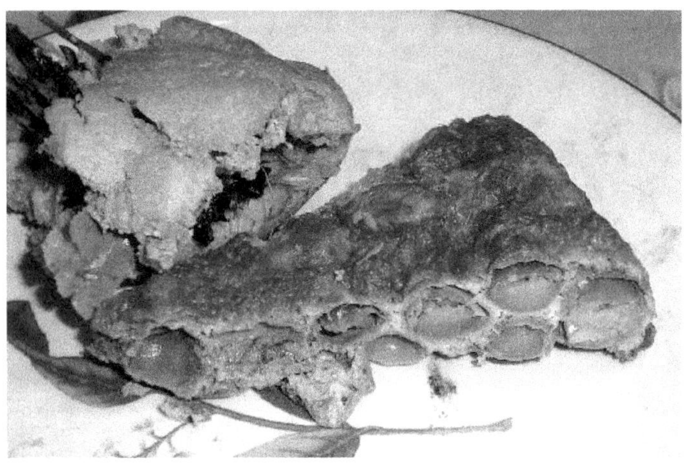

Preparazione

1. Mondate e lavate i porri, asciugateli accuratamente e tagliateli in fettine sottili.

2. Fateli saltare in padella con un po' di burro, unite lo zucchero, il succo di mezzo limone, sale e pepe a piacere.

3. Lasciate stufare i porri a fuoco lento sino a quando non siano appassiti.

4. Prendete le uova e mettetele in una terrina, poi sbattetele con una forchetta unite i porri stufati e aggiustate di sale e di pepe.

5. In una padella fate sciogliere del burro, versate il composto di uova e porri, e cuocete a fuoco moderato per circa venti minuti.

6. Rigirate la frittata in maniera che si indori anche dall'altro lato, tagliatela a spicchi e servite caldo.

Fagottini di spinaci

Questi fagottini di spinaci libanesi sono una delle tante cose che fanno parte delle mezzas, gli antipasti libanesi.
Sono deliziosi con il sapore degli spinaci accentuato dal limone, vegetariani e abbastanza leggeri dal punto di vista dietetico.

Ingredienti e dosi per 4 persone

- 1 kg. di spinaci freschi
- 2 limoni
- 2 cipolle
- 1 mazzetto di prezzemolo
- 1 mazzetto di menta fresca
- 1.300 g. di farina
- 25 g. di lievito di birra
- 1/2 bicchiere di olio d'oliva
- sale q.b.

Preparazione

1. Pulite e lavate gli spinaci e fateli a pezzetti di circa 4/5 cm. Spruzzateli di sale e lasciateli riposare qualche tempo.

1. Poi strizzateli bene per fare uscire tutta l'acqua.
2. Pulite la cipolla e tritatela finemente, fate lo stesso con il prezzemolo e la menta.

3. Pelate al vivo i limoni, tagliateli a pezzettini, cercando di eliminare tutte le pellicine e i semi.

4. Mettete il tutto in una ciotola e mescolate bene, avrete preparato il ripieno.

Preparate la pasta

1. In una ciotola mettete la farina, un cucchiaio di sale, il lievito sciolto in acqua tiepida.

2. Iniziate a lavorare, e continuate ad aggiungere acqua, sempre tiepida, fino a ottenere una pasta omogenea (potete usare anche un robot da cucina per fare questo impasto).

3. Coprite la ciotola, e lasciatela lievitare in un luogo tiepido fino a che sarà raddoppiata in volume.

4. Riprendete la pasta e lavoratela sulla spianatoia.
5. Poi stendetela con il matterello e ritagliate con un taglia pasta o un bicchiere grande dei cerchi di circa 10 cm. di diametro.

6. Mettete un cucchiaio di ripieno su ogni cerchio e chiudeteli in forma triangolare (vedere foto).

Mettete i fagottini su una placca da forno oliata, o coperta di carta da cucina, e cuocete in forno caldo a 180 gradi fino a che diventeranno di un bel colore dorato.
Servite questi fagottini libanesi a temperatura ambiente.

Falafel

Piatto tipico della tradizione Medio Orientale, costituito da polpette fritte a base di fave o ceci tritati con cipolla, aglio e coriandolo.

Ingredienti e dosi per 4 persone
- 2 spicchi d'aglio
- 300 g ceci
- 1 cipolla
- 1 cucchiaio coriandolo fresco (oppure 1 cucchiaino in polvere) 1 cucchiaino cumino in polvere
- 1 cucchiaio farina
- 200 ml olio
- una spolverata pepe
- 2 cucchiai prezzemolo tritato
- sale q.b.

Preparazione

1. Per prima cosa immergete in acqua i ceci secchi per almeno 12 ore fino a che si saranno ammorbiditi.

2. Mettete i ceci, ben scolati e asciutti, la cipolla, l'aglio, il prezzemolo, il cumino, il coriandolo, il sale e il pepe in un mixer e tritate il tutto fino a ottenere un composto morbido e omogeneo che lascerete riposare per almeno due ore in frigorifero.

3. A questo punto, possiamo preparare i nostri felafel: prendete una noce del composto ottenuto e fate una pallina che schiaccerete leggermente con il palmo della mano.

4. Preparate tutti i felafel e lasciateli riposare in frigo per circa 60 minuti affinché mantengano la forma che gli avete dato, senza sfaldarsi.

5. Fate scaldare l'olio in una padella fonda e friggete i felafel fino a doratura, quindi serviteli ancora caldi accompagnandoli con una buona insalata e del pane pita.

Fattoush

Ricetta per preparare una saporita insalata libanese, fatta da tante verdure estive, arricchita da pezzetti di pita (pane arabo) tostata. Questa insalata libanese è condita con del buon olio d'oliva, che è apprezzato e prodotto in tutto il Mediterraneo e dell'aceto di vino, ma ciò che la rende unica è la presenza di prezzemolo, menta e sommaco, una spezia mediorientale dal gusto delicato e particolare. Servite questa insalata come antipasto, oppure, come primo piatto estivo, fresco e leggero.

Ingredienti e dosi per 8 persone

- 1 lattuga grande o due piccole
- 2 pomodori ben maturi
- 1 mazzetto di prezzemolo
- alcuni rametti di menta fresca
- 1 cetriolo
- 2 cipolle dolci (quelle rosse di Tropea)
- 2 peperoni
- 2 spicchi di aglio
- 1 cucchiaino di sale
- 10 g. di menta secca finemente sbriciolata
- 15 g. di sommaco (si trova nelle drogherie più fornite o nei negozi di specialità esotiche)
- 2 cucchiai di aceto di vino
- olio d'oliva extra vergine q.b.
- 2 pani del tipo pita

Preparazione

1. Pulite il prezzemolo e la menta fresca, lavateli e asciugateli, poi tritateli molto grossolanamente.

2. Pelate il cetriolo e tagliatelo a dadini. Tagliate a dadini anche i pomodori.

3. Pulite peperoni e cipolle e fateli a fettine sottili.

4. Pulite e lavate la lattuga e tagliatela a strisce di 3 cm. di
    larghezza. Spremete l'aglio.

5. Fate tostare il pane e tagliatelo a pezzetti d circa 2 cm.
    di lato.

6. Riunite in una capace insalatiera tutti gli ingredienti e
    mescolateli per bene.

7. Condite questa saporita insalata libanese con l'aceto il
    sommaco, la menta secca, il sale e alla fine l'olio
    (abbondante).

Halawet el jibn

Halwet el jibn, è un dolce libanese molto buono e famoso, ed è a base di formaggio (in arabo: jibn) che viene impastato a bagno maria insieme al semolino e allo sciroppo di zucchero, e poi riempito con "Ashta" ossia la crema libanese e servito con lo sciroppo di zucchero, poiché l'ashta non ha un sapore molto dolce.

Ingredienti e dosi per 4 persone

- 800g di mozzarella
- 1/2 bicchiere di semolino
- 3 bicchieri di Ashta
- 3 bicchieri di Sciroppo di zucchero
- Pistacchio tritato per la guarnizione

Preparazione

1. Preparare lo sciroppo di zucchero con il solito metodo unendo 3 bicchieri di zucchero semolato e 1 bicchiere d'acqua, mescolando fino allo scioglimento dello zucchero; poi, quando raggiunge l'ebollizione, unire il succo di limone e alla fine a fuoco spento unire gli aromi (acqua di rose e acqua di fior d'arancio).

2. Ora procediamo alla preparazione dell'impasto, tagliando a cubetti la mozzarella, poi si creano le condizione per lavorare a bagno maria: mettendo in un pentolino l'acqua e portandola ad ebollizione, dopodiché, si sistema sopra una terrina in cui si metterà la mozzarella tagliata.

3. Ora si comincia a girare e si aggiunge il semolino piano piano, infine si unisce 1/2 bicchiere di sciroppo di

zucchero, e si continua sempre a mescolare, fino a ottenere un impasto omogeneo e filante.

4. Ora si lascia la terrina sul bagno maria, e si spegne il fuoco.

5. Si prende un pezzettino alla volta dell'impasto e si stende sul piano di lavoro, cosparso precedentemente con un po' di sciroppo di zucchero e acqua di rose, e si ritagliano dei quadratini (le misure di solito sono 10cm x 10cm).

6. Poi si riempiono con la crema libanese Ashta (per la preparazione: vai su: Ashta), si chiudono girando per formare dei cilindri, infine si cosparge il tutto con il pistacchio tritato e si serve irrorando con lo sciroppo di zucchero.

Hummus

L'hummus è la crema di ceci da servire fredda che arriva dalle cucine del Medio Oriente, soprattutto libanese. La ricetta originale richiede di partire dai ceci secchi, mettendoli in ammollo e poi cuocendoli, ma si possono utilizzare anche dei ceci in scatola, e dobbiamo dire che il risultato è buono lo stesso. L'hummus si serve con il pane arabo o pita come antipasto, oppure si utilizza per farcire dei deliziosi panini vegetariani.

Ingredienti e dosi per 4 persone

- 200 g. di ceci in scatola
- 2 spicchi di aglio pelati e schiacciati
- 1 cucchiaio di cumino in polvere
- 2 o 3 cucchiai di Tahini (pasta di semi di sesamo, si trova nei negozi di specialità etniche)
- succo di limone q.b.
- 4 cucchiai di acqua
- olio extra vergine di oliva q.b.
- paprica q.b.
- sale q.b.
- 4 panini arabi (detti anche pita)

Preparazione

1. Scolate i ceci dalla scatola e sciacquateli lungamente sotto l'acqua corrente.

2. Mettete nel vaso di un robot da cucina i ceci, 2 cucchiai di succo di limone, il cumino, l'aglio, la Tahini e l'acqua; frullate fino a ottenere un composto omogeneo e liscio.

3. Aggiustate il gusto aggiungendo altro sale e succo di limone.

4. Versate l'hummus in una ciotola larga.

5. Praticate un incavo al centro e versatevi l'olio. Cospargete con paprika e coprite con pellicola fino al momento di servire.

6. Servite con i panini arabi tagliati in quattro riscaldati in forno caldo per 3 minuti.

Imjadra

L'Imjadra è un piatto tipico della cucina libanese a base di burghul che in pratica non necessita di cottura.
Viene servito tiepido o freddo e normalmente viene accompagnato da yogurt naturale o da una insalata.

Ingredienti e dosi per 4 persone

- 300 g Burghul a grana fine
- 40 g Noci sgusciate
- 1 Cipolla
- 1 cucchiaio Olio d'oliva extravergine
- alcune foglioline Menta fresca
- Sale q.b.
- Pepe q.b.

Preparazione

1. Sciacquate il burghul, mettetelo in una pentola con circa 1/2 litro di acqua bollente salata e aspettate che si gonfi circa 30 minuti.

2. Pestate le noci in un mortaio, sbucciate e tritate finemente la cipolla e unite il tutto al burghul bagnando con l'olio extravergine di oliva a filo.

3. Trasferite su un piatto da portata e guarnite con alcune foglioline di menta fresca. Fate intiepidire e servite.

Insalata libanese

L'insalata libanese è sicuramente gradita dagli amanti della cucina vegetariana. Si prepara con melanzane grigliate e zucchine tagliate a fette sottilissime, con l'aggiunta di rucola e prezzemolo, succo d'arancia e limone. Il tutto sarà condito con olio e qualche ciuffo di ricotta.

Ingredienti e dosi per 4 persone

- 2 piccole Melanzane
- 2 piccole Zucchine
- 2 cucchiai Olio extravergine
- 1 cucchiaio Prezzemolo tritato
- 1 cucchiaio Succo di limone
- 1 cucchiaio Succo di arancia
- 1 punta Peperoncino piccante in polvere
- Sale q.b.

Preparazione

1. Lavate le melanzane e tagliatele a fette sottili, salatele e mettetele a spurgare in uno scolapasta per almeno 20 minuti mettendo un peso sopra in modo tale che perdano tutta l'acqua di vegetazione.

2. Lavate le zucchine e affettatele per il verso della lunghezza utilizzando un pelapatate.

3. Quindi lavate con cura la rucola e asciugatela, magari aiutandovi con una centrifuga da insalata.

4. Lavate le fette di melanzana e asciugatele con carta assorbente.

5. Ungetele con l'olio e disponetele in una placca da forno in modo che queste possano abbrustolire. Per questa operazione potete anche usare una piastra sul fuoco.

6. Quindi infornatele (il forno deve essere già caldo) e accendete il grill; lasciatele grigliare 3 minuti per lato o sino a quando non prenderanno un colore leggermente dorato.

7. Collocate le melanzane e le zucchine in una terrina, e aggiungete anche la rucola; condite con il succo di arancia e limone precedentemente preparato e filtrato, il prezzemolo e una puntina di peperoncino (e se occorre, ancora un po' d'olio). Servite con ciuffi di ricotta.

L'insalata libanese si può servire come aperitivo o come insalata, in accompagnamento al piatto principale. E non fatevi spaventare dall'uso del succo d'arancia

Involtini di pollo alla salvia

Gli involtini di pollo alla salvia si ricavano dal petto di pollo diviso in quattro e battuto per essere allargato, poi vengono farciti con foglie di salvia, sale e pancetta e infine vengono cotti in padella.
Serviremo dopo aver fatto cuocere a fuoco basso per una ventina di minuti.

Ingredienti e dosi per 4 persone

- 2 Petti di pollo
- 100 g Pancetta
- 8 foglie Salvia
- 2 cucchiai Olio di oliva
- 1 Cipolla
- Pepe q.b.
- Sale q.b.

Preparazione

1. Tagliate i petti in quattro e batteteli leggermente.

2. Disponete sopra ogni fetta due foglie di salvia e un pizzico di sale e uno di pepe, arrotolatele e poi avvolgetele in una sottile fettina di pancetta.

3. Fermate gli involtini con uno stecchino.

4. In un tegame scaldate l'olio e imbionditevi la cipolla aggiungendo poi gli involtini e rosolandoli da tutti i lati.

5. Coprite, fate cuocere a fuoco basso per una ventina di minuti aggiungendo un cucchiaio d'acqua calda se occorre.

Kafta meshwi

Con la primavera alle porte, la voglia di fare dei picnic all'aperto è tanta, e quale cibo è migliore degli spiedini cotti alla brace? Il piatto di oggi può essere cotto sia al barbecue che al forno, e mangiato sia nel piatto o come sandwich nel pane pita arrotolato con le patatine fritte e il ketchup, è veramente sfizioso.

Ingredienti e dosi per 4 persone

- 500g di carne trita
- 150g di prezzemolo
- 1 cipolla piccola
- Sale
- Pepe
- Olio extravergine d'oliva

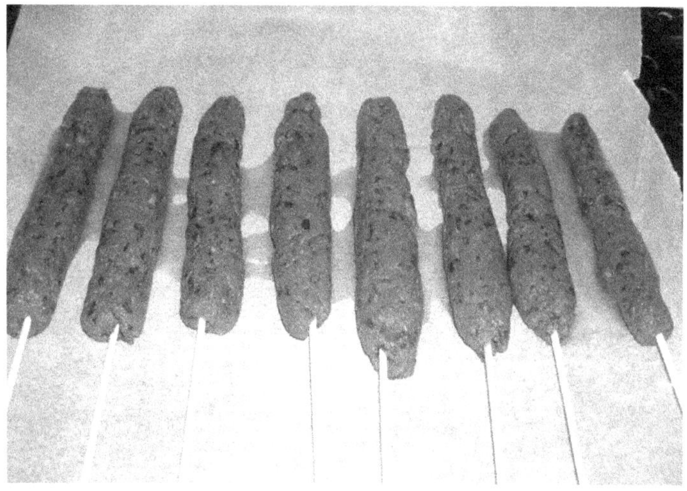

Preparazione

1. Tagliare il prezzemolo finemente, lavarlo e lasciarlo scolare per bene.

2. In una ciotola, unire la carne, il prezzemolo, la cipolla grattugiata e poi salare e pepare.

3. Amalgamare bene il tutto fino a ottenere un composto omogeneo.

4. Fare dei cordoncini della stessa misura e mettere su degli spiedini.

5. Ora non ci resta che cuocerli, o alla brace per 5 minuti oppure in una teglia con un filo d'olio a 180° per 15 minuti o fino a quando non sono abbrustoliti.

6. Servire caldi con il pane pita, patatine fritte e ketchup… Deliziosi!

Kibbee

Il kibbee è un saporito piatto libanese a base di carne di agnello e di bulgur (grano spezzettato), da cuocere al forno. Precedendo il kibbee con un certo numero di mezzas (antipasti libanesi, come il baba ghannouj e l'hummus) e accompagnandolo da yougurt e insalata potete preparare una splendida cena da mille e una notte piena di profumi di spezie d'oriente.

Ingredienti e dosi per 8 persone

Per il ripieno

- 1/2 kg. di carne di agnello tritata grossolanamente
- 2 cucchiaiate di pinoli
- 1 cipolla grande tritata finemente
- 2 cucchiai di olio d'oliva
- Pimento (detto anche pepe della Jamaica) in polvere q.b.
- Sale q.b.

Per l'involucro

- 1 kg. di carne di agnello tritata finemente
- 2 cipolle tritate finemente
- 2 cucchiaini colmi di sale
- 1/2 cucchiaino di pimento (detto anche pepe della Jamaica) in polvere
- 1 grattugiata di noce moscata
- 1 pizzico di pepe di caienna (opzionale)
- 40 g. di burro a temperatura ambiente

Preparazione

1. Scaldate l'olio in un tegame, e poi aggiungete l'agnello tritato grossolanamente, i pinoli, la cipolla, il sale e il pimento.

2. Fate cuocere mescolando fino a che la carne sia ben rosolata, controllate per vedere se occorra aggiungere altro sale e pimento. Mettete da parte e lasciate raffreddare. Questo sarà il ripieno del kibbee.

3. Mettete a bagno in acqua tiepida il bulgur per 10 minuti, o fine a che si sia ammorbidito, quindi scolatelo bene.

4. Aggiungete l'agnello tritato finemente, le cipolle tritate e 7 cl. di acqua fredda. Impastate il tutto con le mani bagnate, per evitare che si attacchi.

5. Aggiungete le spezie e il sale e lavorate ancora per amalgamare bene il tutto.

6. Prendete una teglia rotonda con il diametro di 25 cm., ma può anche essere rettangolare di equivalente estensione, e imburratela.

7. Sempre con le mani bagnate distribuiteci sopra metà dell'impasto di agnello e bulgur, livellate bene.

8. Versatevi sopra il ripieno in maniera uniforme.

9. Ricoprite con l'altra metà dell'impasto, e sempre con le mani bagnate livellate bene.

10. Con un coltello molto affilato e sempre bagnato in acqua fate dei tagli in modo da formare una griglia.

11. Distribuite sopra il rimanente burro a fiocchettini e ponete nel forno caldo a 190 gradi.

12. Cuocete per 10 minuti, poi abbassate latemperatura a 170 gradi, e cuocete ancora 10/15 minuti, o fino a che sia diventato ben dorato.

13. Attenzione a non stracuocere.

Laban b'khiar (insalata di cetrioli allo yogurt)

Un piatto libanese molto facile da preparare: il laban b'khiar è un'insalata di cetrioli dal sapore fresco e leggermente pungente dato dalla menta e dall'aglio.
Questo piatto è uno delle "mezzes", i ricchi antipasti misti che aprono i pranzi libanesi, ma una ricca scelta di mezzes, seguita da un dolce, può costituire un intero pasto.

Ingredienti e dosi per 8 persone

* 1 kg. di cetrioli
* 800 g. di yogurt greco
* 4 spicchi di aglio
* 2 rametti di menta
* Sale q.b.

Preparazione

1. Lavate e pelate i cetrioli. Tagliateli a metà per il lungo, eliminate i semi aiutandovi con un cucchiaio, e poi affettateli.

2. Spolverate i cetrioli con il sale fino e lasciateli a perdere acqua per una ventina di minuti in uno scolapasta.

3. Lavate la menta e tritate le foglie.

4. Pelate l'aglio e pestatelo nel mortaio aggiungendo un po' di sale, fino a ottenere una purea omogenea.

5. Sciacquate i cetrioli e asciugateli.

6. Metteteli in una insalatiera, aggiungete lo yogurt, la purea di aglio e la menta tritata.

7. Mescolate il tutto per bene, e controllate se occorra aggiungere del sale.

8. Servite questa insalata di cetrioli ben fresca.

Lahm biajin (pizzette con carne)

La ricetta Lahm biajin, proviene dalla tradizione culinaria libanese e consiste in pizzette con carne.
La cucina libanese è senza dubbio l'espressione più tipica e raffinata della cucina mediorientale caratterizzata dall'uso di verdure, carne di pollo, manzo e agnello, frutta secca e condimenti a base di succo di limone. Le pizzette che proponiamo oggi possono essere servite come antipasto o, ancora meglio, durante l'ora dell'aperitivo per accompagnare un buon cocktail o bicchiere di vino. Occorrerà preparare l'impasto, lasciarlo lievitare per un paio d'ore e poi mettere in forno le pizzette condite con carne tritata.

Ingredienti e dosi per 4 persone

- 1 cucchiaio di lievito di birra
- acqua tiepida
- 3 cucchiai d'olio
- 1 cucchiaino di zucchero
- 1 cucchiaino di sale
- 500 gr di farina
- 500 gr. di carne macinata
- 2 cipolle medie tritate
- 1 tazza di pinoli
- sale
- pepe
- cannella

Preparazione

1. Fate sciogliere il lievito per un paio di minuti in poca acqua tiepida.

2. Preparate l'impasto disponendo la farina a fontana con all'interno l'olio, il sale e lo zucchero, quindi lavorate molto bene per 10 minuti.

3. Mettete la pasta in un recipiente cosparso d'olio, coprite e sistemate in un luogo tiepido per farla lievitare (ci vorranno circa un paio d'ore).

4. Intanto preparate il ripieno, mescolando la carne, le cipolle, i pinoli, sale, pepe e cannella.

5. Tagliate la pasta in piccole porzioni e stendetele con il matterello dando una forma circolare. Lo spessore dovrà essere di circa 1/2 cm.

6. Cospargete il ripieno su ogni pizzetta e cuocete in forno caldo per 30 minuti circa.

Makloubeh

Vi presentiamo ora un piatto tipico libanese molto ricco, a base di riso, melanzane, carne e pollo sfilacciato.

Ingredienti e dosi per 8 persone

- 4 bicchieri di riso
- 2 melanzane
- 300g di carne macinata
- 300g di pollo sfilacciato
- olio extravergine di oliva
- 1 litro di olio di semi
- 5-6 bicchieri di brodo di pollo
- sale
- pepe nero o pimento
- pinoli e mandorle per la guarnizione
- burro

Preparazione

1. In una padella, rosolare la carne macinata con 4 cucchiai di olio di oliva per circa 10 minuti, salare e pepare. Unire la carne al riso in una terrina e mescolare bene.

2. Lavare le melanzane, e asciugarle e tagliarle a dischi. Poi salarle e lasciarle per una decina di minuti così perdono l'acqua di vegetazione, e poi procedere a friggerle in abbondante olio di semi.

3. In una pentola antiaderente grande, si mette un primo strato di melanzane, a seguire, uno del composto di riso e carne, e avanti così fino a terminare il composto. Lasciare da parte 5-6 dischi di melanzane fritte per la guarnizione.

4. Si aggiunge il brodo piano piano con l'aiuto di un mestolo, fino a coprire il tutto (il brodo deve essere circa due dita al di sopra del livello del riso), si mette il coperchio e si procede alla cottura per 25 minuti su un fuoco dolce.

5. Quando è pronto, si capovolge su un piatto da portata; e da qui prende il nome "makloubeh", ossia "rovesciata o capovolta", e si guarnisce con le melanzane che abbiamo lasciato da parte, il pollo sfilacciato, e i pinoli e le mandorle saltati e tostati con una noce di burro.

6. Per restare leggeri le melanzane, invece di essere fritte, possono essere cotte al forno con un filo di olio di oliva.

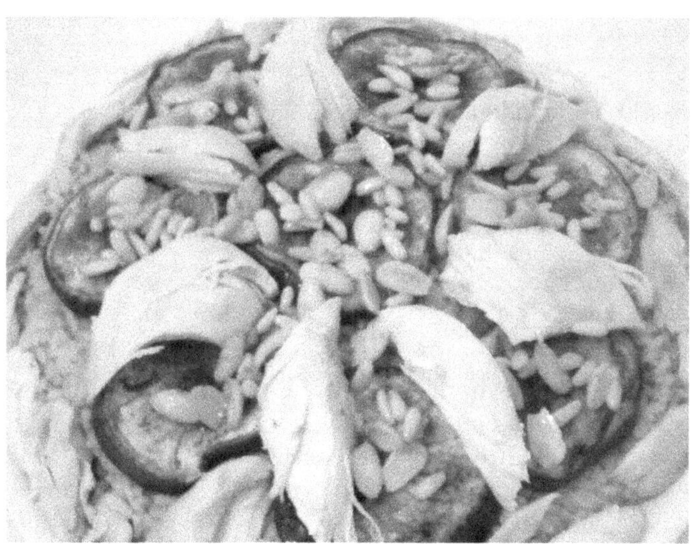

Manakiche b'zaatar (Pizza libanese al timo)

La pizza, o meglio una focaccia sottile di pasta di pane variamente condita e arrichita, si ritrova in tante cucine in tante parti del mondo. Certe "pizze" sono simili a quella napoletana, altre molto diverse come questa libanese: infatti, invece del pomodoro e della mozzarella ci trovate il timo, il sesamo e il sommaco. Preparate la manakiche b'zaatar assieme alle altre "mezzes", gli antipasti libanesi, per una cena dal sapore mediorientale.

Ingredienti e dosi per 8 persone

- 500 g. di farina
- 15 g. di lievito di birra
- 1 piccola cipolla bianca
- 15 g. di grani di sesamo
- 15 g. di timo fresco
- 15 g. di sommaco (sumac) in polvere
- 1 dl. di olio d'oliva extra vergine
- sale e pepe q.b.

Preparazione

1. Diluite il lievito di birra con un po' di acqua tiepida e un po' della farina, e lasciate riposare il tutto una decina di minuti. In una ciotola versate la farina, formate la fontana, versate il lievito e un cucchiaino di sale, e aggiungete l'acqua tiepida necessaria per ottenere una pasta liscia e omogenea. Formate una palla, copritela con uno strofinaccio e lasciatela riposare per 2 ore.

2. Pelate la cipolla e tritatela finemente.

3. Tostate i semi di sesamo in una padella antiaderente senza aggiungere alcun condimento. Preparate la

miscela "Zaatar" mescolando il timo tritato finemente, il sommaco e il sesamo. Unite lo Zaatar con la cipolla tritata, l'olio d'oliva, sale e pepe, e mettete da parte

4. Preriscaldate il forno a 210 gradi.

5. Sulla spianatoia infarinata stendete la pasta a uno spessore di circa 5 mm., e ritagliate dei dischi di circa 10 cm. di diametro. Disponete i dischi di pasta su una placca ricoperta da carta forno.

6. Distribuite la miscela di erbe sui dischi e premete leggermente usando le dita. Infornate e fate cuocere per circa 15 minuti. Servite le pizze libanesi calde o tiepide.

7. La pizza libanese essendo priva di formaggio è indicata nei casi di intolleranze o allergie ai latticini.

Mjadarah

Questa ricetta è adatta ai vegetariani ed è molto ricca di vitamine ed è un piatto a base di lenticchie e riso ottimo per i giorni di sole. Può essere servita con diversi tipi di insalata, sia a base di pomodoro, cetriolo e menta che a base di lattuga e pomodori conditi sempre con succo di limone, sale e olio di oliva. Il pane pita ovviamente non può mancare.

Ingredienti e dosi per 4 persone

- 1 bicchiere di lenticchie
- 3/4 bicchiere di riso
- 1 cipolla
- cumino (facoltativo)
- 5 bicchieri di acqua
- 3-4 cucchiai di olio d'oliva
- sale
- pepe

Preparazione

1. Mettere le lenticchie a bagno in acqua fredda per una notte.

2. Ora in una pentola, rosolare bene la cipolla tagliata a cubetti nell'olio extravergine d'oliva.

3. Aggiungere le lenticchie scolate e il riso lavato, mescolare bene il tutto, dopodiché unire 5 bicchieri di acqua, sale, pepe e cumino. Coprire quando inizia a bollire, si comincia a mescolare, altrimenti si attacca al fondo della pentola.

4. Quando le lenticchie e il riso saranno ben cotti, si frulla il tutto per ottenere una crema, poi si riporta sul fuoco,

continuando a mescolare, fino a quando non sarà densa (in genere 5-6 minuti).

5. Per ultimo, si aggiunge un filo di olio extravergine d'oliva crudo, si gira per l'ultima volta e si versa nei piatti.

Si serve freddo con diversi tipi di insalata ad esempio:
- Pomodori, cetrioli, tagliati a cubetti, menta fresca o secca, condita con succo di limone, sale e olio d'oliva.
- Lattuga e pomodori conditi con il succo di limone, il sale e l'olio d'oliva.
- Cavolo bianco tagliato fino con il pomodoro a cubetti e condito come le precedenti.
- Oppure semplicemente con ravanelli e sottaceti.

Ovviamente il pane pita non può mancare.

Musakhan

Il musakhan è una saporita ricetta libanese che ha il pollo come ingrediente fondamentale, pollo tagliato a pezzi e cotto in padella con cipolle e erbe aromatiche, a parte si friggeranno quattro cipolle a pezzi che andranno poi sfregate sul pane che accompagna la preparazione per insaporirlo.

Ingredienti e dosi per 4 persone

- 6 di grandi dimensioni Cipolle
- 1 Pagnotta di pane pita
- 25 cl Olio per friggere
- 1 Pollo
- Sale q.b.
- Pepe q.b.
- Spezie q.b.

Preparazione

1. Pulite il pollo e tagliatelo in 4-6 pezzi.

2. Tagliate una cipolla in piccoli pezzi.

3. Fate soffriggere la cipolla in una pentola in cui avrete versato un filo d'olio.

4. Aggiungetevi il pollo, il sale, il pepe e tutte le spezie.

5. Coprite con acqua e fate cuocere finché la carne diventa tenera.

6. Tagliate quattro cipolle in pezzi medi e fatele friggere fino a farle diventare dorate.

7. Quando il pollo è cotto, scolatelo dall'acqua di cottura e mettetelo in una teglia aggiungendo una cipolla tagliata.

8. Fatelo scaldare in forno e nel frattempo preparate il pane su cui adagerete il pollo pronto per essere servito.

9. Tagliate il pane in fette e sfregatele con le cipolle fritte.

10. Quindi, posatevi il pollo e servite.

Mutabbal Koosa

Zucchine all'aglio, altro tipico antipasto libanese.

Ingredienti e dosi per 4 persone

- 4 cucchiai di olio extravergine d'oliva
- 1 piccola testa d'aglio sbucciata e affettata
- 680 g di zucchine tagliate a fette spesse 1/2 cm
- 4 cucchiai di aceto
- Sale
- Pepe nero
- 2 cucchiai di cipollotto tritato
- Un pizzico di pepe di cayenna
- 2 cucchiai di coriandolo fresco tritato finemente

Preparazione

1. Scaldate l'olio in padella e saltatevi l'aglio affettato a fuoco medio fino a che diventi dorato. Rimuovete le fette d'aglio con un cucchiaio forato o una schiumarola e mettetele da parte.

2. Saltate, nella stessa padella le fette di zucchine a fuoco medio fino a che risultino ben arrostite, girandole una volta sola.

3. Rimuovete le zucchine e mettetele da parte su di un foglio di carta da cucina, affinché perdano l'olio in eccesso.

4. Miscelate l'aceto con gli altri ingredienti: cipollotto, pepe di cayenna, pepe nero, sale e coriandolo.

5. Disponete le zucchine sul piatto di portata e cospargetele col composto d'aceto.

6. Decorate, infine, con le fettine d'aglio arrostite.

Fate riposare le zucchine per 4 ore prima di servirle.

Nkhaat Mtabbli

Il Nkhaat Mtabbli è un'insalata di cervella di agnello, che vengono lessate e poi tagliate a fettine e insaporite con olio e limone. E'un piatto della cucina libanese dalle origini molto antiche e ben radicato nella tradizione culinaria di questo paese.

Ingredienti e dosi per 4 persone

- 500 g Cervella di agnello
- 2 spicchi Aglio
- 2 cucchiai olio di oliva extravergine
- 1 cucchiaio Aceto di vino bianco
- 1 Limone
- Sale q.b.
- Pepe q.b.

Preparazione

1. Mettete le cervella di agnello in una ciotola, copritele con acqua fresca, unite l'aceto e lasciate riposare per circa un'ora.

2. Scolate le cervella di agnello, asciugatele bene con un panno da cucina e mettetele a lessare su fuoco moderato in acqua salata per circa 15 minuti.

3. Scolate le cervella, privatele della pelle e delle vene e lasciatele raffreddare, poi tagliatele in fettine sottili.

4. Mettete le fettine di cervella in una ciotola, aggiungete l'olio extravergine di oliva, il succo del limone, l'aglio tritato finemente, salate e pepate a piacere.

5. Lasciate il tutto a riposare ancora per un'ora circa affinché i sapori del Nkhaat Mtabbli possano amalgamarsi adeguatamente.

6. Poi servite.

Pane Pita

Il Pane Pita è il pane tipico libanese, è molto simile per la forma alla piadina romagnola, ma non è fatto allo stesso modo. La particolarità di questo pane è la tasca che si forma durante la cottura, all'interno della quale ci si può sbizzarrire con diverse farciture, ad esempio, formaggi o labneh e poi si può arrotolare. Ma si può anche tostare e spezzettare e utilizzare in diversi piatti come il Fattouch. Può essere farcito anche con Shish Tawook, Falafel , e Kafta meshwi, e molte altre cose.

Ingredienti e dosi

- 250g farina 00
- 250g farina di grano duro
- 1 bustina di lievito di birra
- Sale q.b.
- 500 ml di acqua tiepida
- 1 cucchiaino di zucchero

Preparazione

1. Prima di tutto sciogliere il lievito con un cucchiaino di zucchero in acqua tiepida, e lasciare per circa 5 minuti, finchè non fa le bollicine sulla superficie.

2. Dopodiché, mischiare le due farine in una terrina grande e capiente, unire il sale e mescolare bene il tutto; ora fare una fontanella nella quale andremo a versare i liquidi, prima il lievito sciolto poi piano piano l'acqua tiepida.

3. Dobbiamo formare un impasto liscio e omogeneo, lo trasferiamo sul piano di lavoro infarinato e lo impastiamo per circa 10 minuti, così diventa più

elastico e resistente, perché il glutine della farina assorbe bene l'acqua.

4. Ora si unge la ciotola dove lo andiamo a riporre con olio d'oliva e si lascia riposare e lievitare coperto prima con un film di pellicola, poi con un panno, in un luogo caldo circa 4-5 ore.

5. Quando sarà lievitato, si fanno delle palline, che andiamo a stendere sul piano infarinato e formiamo dei dischi alti circa 3 mm, mettiamo su una teglia da forno e inforniamo a 180° per 9- 10 minuti controllandoli sempre.

6. Non vi spaventate se vedete che durante la cottura si gonfiano, perché è questo il segreto di questo tipo di pane, e voilà il vostro pane è pronto, sbizzarritevi a farcirlo con quello che vi piace di più.

Pasticcini di noci e mandorle

I pasticcini di noci e mandorle sono aromatizzati dall'acqua di rose, regola abbastanza usuale in Libano e Turchia, e in tal modo la preparazione risulterà particolarmente aromatica. Si preparerà un composto di frutta secca tritata con ciliegie, albicocche e frutta candita che verrà posto a cuocere sulla teglia del forno per poi essere condito con uno sciroppo di mais e tagliato a pezzetti appena rassodato.

Ingredienti e dosi per 4 persone

- 1 cucchiaio Olio
- Farina gialla q.b.
- 50 g Nocciole
- 50 g Mandorle
- 50 g Pistacchi
- 50 g Scorza d'arancia candita
- 50 g Ciliegie candite
- 50 g Albicocche secche
- 500 g Zucchero
- 2 tazze Acqua
- 1/2 stecca Vaniglia
- 2 Chiodi di garofano
- 2 cucchiai Succo d'arancia
- 150 g Amido di mais
- 5 gocce Acqua di rose (Nel Libano e in Turchia, i "paesi delle rose", ma anche negli altri paesi arabi dove le rose sono cose di lusso, per aromatizzare i dolci si fa spesso ricorso all'acqua di rose. Attenzione a non eccedere: una goccia è una giusta dose per un bicchiere d'acqua.)
- A piacere Ciliegie candite per decorazione

Preparazione

1. Spennellate d'olio la piastra da forno, poi cospargetela abbondantemente di farina gialla (eliminate, eventualmente, la parte di troppo).

2. Tritate finemente le nocciole, le mandorle e i pistacchi, tagliate a dadini le scorze candite d'arancia e di limone, le ciliege e le albicocche, e distribuite il tutto sulla piastra.

3. Preparate uno sciroppo (non troppo denso) con lo zucchero, 2 tazze d'acqua, mezza stecca di vaniglia e i chiodi di garofano, e insaporitelo con il succo d'arancio.

4. Prima di legare con l'amido di mais diluito in acqua, togliete la vaniglia e i chiodi di garofano.

5. Portate a ebollizione e lasciate cuocere per dieci minuti, mescolando continuamente.

6. Togliete dal fuoco, profumate con l'acqua di rose e
    versate lo sciroppo sulle noci e le mandorle fino a uno
    spessore di 1 cm. Lasciate raffreddare, poi tagliare a
    pezzetti quadrati.

7. Decorate ogni pezzo con una mezza ciliegina candita.

Pesce al forno con salsa tahini

Il pesce al forno con salsa tahini si prepara cuocendo i filetti di pesce e poi insaporendoli con la salsa thaini mescolata a succo di limone e condita con sale e pepe.

Ingredienti e dosi per 6 persone

- 6 filetti Merluzzo o eglefino
- 2 Limoni, succo
- 2 cucchiai Olio extravergine d'oliva
- 2 grosse Cipolle tritate
- 250 ml Salsa thaini
- 1 spicchio Aglio schiacciato
- 4 cucchiai Acqua
- Sale q.b.
- Pepe q.b.
- Riso per servire q.b.
- Insalata per servire q.b.

Preparazione

1. 1 Sistemate il merluzzo o l'eglefino in una capiente teglia dai bordi bassi o in una pirofila, spruzzate con 1 cucchiaio di succo di limone, 1 cucchiaio di olio d'oliva e cuocete nel forno preriscaldato a 180 °C o con la manopola del gas posizionata sul 4 per circa 20 minuti.

2. Nel frattempo, scaldate il restante olio in una larga padella per friggere e soffriggete le cipolle per 6-8 minuti, fino a quando non saranno molto dorate e croccanti.

3. Versate il tahini e l'aglio in una piccola ciotola e incorporate sbattendo il restante succo di limone e

l'acqua, poco per volta, fino a quando la salsa non sarà leggera e cremosa.

4. Insaporite con sale e pepe.

5. Distribuite le cipolle sul pesce e distribuite la salsa tahini.

6. Cuocete il pesce nel forno per altri 15 minuti, fino a quando le carni non saranno cotte e la salsa farà le bolle.

7. Servite il pesce subito, con riso e insalata.

Pesce allo zafferano

Il pesce allo zafferano si cucina salando i filetti di pesce per friggerli con olio e a parte, usando altro olio, doreremo le cipolle con l'aglio per aggiungere quindi acqua calda, succo dei limoni, lo zafferano e gli aromi.
Uniremo i filetti di pesce e serviremo dopo una cottura a fuoco moderato di circa 20 minuti.

Ingredienti e dosi per 4 persone

- 1,5 kg Filetti di pesce a piacere
- 450 g Cipolle
- 4 Limoni
- 4 spicchi Aglio
- 3 dl Olio di oliva extravergine
- Zafferano q.b.
- Sale q.b.
- Pepe q.b.

Preparazione

1. Salate i filetti di pesce e friggeteli in una padella in due dl di olio extravergine di oliva.

2. Versate l'olio rimanente in un'altra padella e friggete le cipolle e l'aglio tritati finemente.

3. Appena il trito di aglio e cipolle incomincia a indorarsi, aggiungete 2 bicchieri di acqua calda, il succo dei limoni, lo zafferano e sale e pepe a piacere.

4. Unite i filetti di pesce fritti e lasciate cuocere a fuoco moderato per circa 20 minuti. Servite.

Polpettone

Questa ricetta non ha bisogno di introduzioni speciali, è un piatto che ogni volta fatto assicura un figurone.

Ingredienti e dosi per 4 persone

- 600 g di carne macinata
- 4 fette di pancarré
- 2 uova
- Parmigiano grattugiato a piacere
- Noce moscata
- Cannella
- Pepe nero
- Sale
- Scorza di limone grattugiata
- 1 bicchiere di latte
- Olio extravergine d'oliva
- Una manciata di prezzemolo tritato
- 1 rametto di rosmarino
- Pangrattato

Preparazione

1. In una scodella, ammollare il pancarré nel latte.

2. In un'altra terrina mettere la carne tritata, aggiungere le uova, il parmigiano, la scorza di limone, il pancarré ben strizzato.

3. Dopodiché, salare, pepare, unire la noce moscata in polvere e la cannella.

4. Impastare bene, poi compattare il composto e arrotolare nel pangrattato messo in precedenza su una carta da forno.

5. A questo punto, si procede alla cottura in forno, con un filo di olio di oliva e un rametto di rosmarino.

6. Ci vogliono 30 minuti a 180°. A metà cottura sfumare con del vino.

7. Servire con patate al forno, carote e piselli lessati e saltati nel burro.

Riso alla libanese

Il riso alla libanese, piatto di riso tradizionale del Libano, è ottimo sia caldo che freddo, si prepara facendo lessare il riso e tagliando a fette le melanzane, che verranno poi cotte alla griglia e infine pestate con l'aglio per essere unite al riso; infine al composto verranno aggiunti i pomodori tagliati a filetti.

Ingredienti e dosi per 4 persone

- 300 g Riso
- 1 Kg Melanzane
- 600 g Pomodori
- 4 spicchi Aglio
- 1 mazzetto Prezzemolo
- 1 bicchiere Olio di semi
- Sale q.b.
- Pepe q.b.

Preparazione

1. Fate lessare il riso in abbondante acqua salata, poi scolatelo e mettetelo da parte.

2. Tagliate le melanzane a fette sottili dopo averle pelate e fatele cuocere alla griglia, salate e pepate a piacere, poi mettetele nel mortaio e pestatele, insieme all'aglio, fino a che avrete ridotto tutto in una poltiglia.

3. Incorporate il composto al riso e condite con l'olio, amalgamando tutto ben bene.

4. Pelate i pomodori, tagliateli a metà, eliminate i semi e tagliateli a filetti.

5. Unite i pomodori al riso e alle melanzane, mescolando tutto per bene.

6. Servite il riso alla libanese in fondine individuali, spolverizzato con il prezzemolo tritato.

Salata Al-Filfil

L'insalata Al-Filfil è basata su peperoni grigliati e insaporiti da aglio, limone e cumino. E' un contorno tipico della cucina libanese che si prepara con grande facilità.
Può essere più o meno piccante a seconda della quantità di paprica impiegata nella preparazione.

Ingredienti e dosi per 4 persone

- 600 g Peperoni rossi
- 3 spicchi Aglio
- 3 Limoni
- 1/2 cucchiaino Cumino in polvere
- Paprica q.b.

Preparazione

1. Grigliate i peperoni, spellateli e privateli del peduncolo, dei semi e dei filamenti, poi affettateli in strisce sottili che metterete in una insalatiera.

2.   Grigliate gli spicchi d'aglio, sbucciateli e pestateli in un mortaio.

3.   Unite il succo di un limone, mescolate accuratamente e versate il tutto sui peperoni.

4.   Sbucciate i due limoni rimanente, tagliateli in fette sottili e aggiungetele ai peperoni.

5.   Salate e pepate a piacere, unite il cumino e la paprica, mescolate ben bene e servite.

Salsa Tarator al sesamo

La salsa Tarator al sesamo è una salsa tipica della cucina libanese, utilizzata per accompagnare il pesce fritto, il pesce alla griglia o per insaporire il pesce freddo, decisamente gustosa anche per il nostro palato.

Ingredienti e dosi per 4 persone

- 300 g Tahina (crema di sesamo)
- 1,5 dl Succo di limone
- 2 spicchi Aglio
- Sale q.b.
- Pepe q.b.

Preparazione

1. Mescolate accuratamente in una ciotola la tahina e il succo di limone aggiungendo l'acqua necessaria affinché si ottenga una crema fluida (normalmente 1 dl).

2. Aggiustate di sale e pepe a piacere e unite gli spicchi d'aglio sbucciati e schiacciati.

3. Servite la salsa Tarator al sesamo in una salsiera a parte.

Shish Tavuk

Gli Shish Tavuk, spiedini di pollo marinati, prima di essere cotti alla griglia, sono una gustosa e originale preparazione tipica della cucina libanese.

Ingredienti e dosi per 4 persone

- 3 Petti di pollo
- 1 Cipolla
- 1 Limone
- Cannella q.b.
- 1 foglia Alloro
- 4 cucchiai Olio di oliva extravergine
- Sale q.b.
- Pepe q.b.

Preparazione

1. Prendete i petti di pollo e tagliateli a cubetti di 2-3 centimetri di lato, poi metteteli in una ciotola.

2. Unita al pollo tutti gli altri ingredienti mescolando accuratamente e lasciate marinare per almeno sei ore nel frigorifero.

3. Infilate i cubetti di pollo marinati negli spiedini e cuoceteli alla griglia del barbecue o in una pirofila nel forno caldo.

Tabuleh

Il tabuleh va servito nella stagione calda e si prepara con burghul, pomodori, erbe aromatiche e spezie che verranno mescolati assieme e serviti poi freddi.

Ingredienti e dosi per 4 persone

- 300 g Burghul (grano pregermogliato)
- Sale q.b.
- 6 Pomodorini maturi
- 1 Cipolla
- 1 mazzetto Prezzemolo
- 1 manciata di foglie di menta fresca
- 1 Limone, succo
- 1/2 cucchiaino Semi di cumino pestati
- 4 cucchiai Olio extravergine

Preparazione

1. Sciacquate il burghul, versatelo in una pentola, aggiungeteci 1/2 litro di acqua bollente salata e lasciatelo gonfiare per circa mezz'ora dopo aver coperto con un coperchio.

2. Nel frattempo pulite, lavate, asciugate e tagliate a cubetti i pomodori, mondate e affettate la cipolla a fettine sottili.

3. Quando il burghul è adeguatamente gonfiato, versatelo in una terrina, mescolatevi i pomodorini e la cipolla, aggiungetevi le foglie di prezzemolo e di menta tritate, il succo di limone e i semi di cumino pestali.

4. Infine, bagnate con l'olio, mescolate nuovamente e poi lasciate al fresco per un'ora prima di portare in tavola.

Tabuleh al curry

Il tabuleh al curry è una variante della classica ricetta del tabuleh, l'insalata di burghul libanese che ormai è famosa e apprezzata in tutto il mondo.
In questa variante oltre al curry useremo del pesce a filetti, così potete servire questo piatto direttamente come piatto unico.

Ingredienti e dosi per 4 persone

- 150 gr di burghul
- 300 gr di filetto di branzino
- 150 gr di pomodorini
- 140 gr di cipolla rossa
- 1 rametto di menta
- 1 pizzico di curry
- 40 ml di olio di oliva
- sale
- pepe

Preparazione

1. Portate a ebollizione un litro di acqua con il sale, immergete il branzino e scottatelo per 15 minuti.

2. Nel frattempo lavate i pomodorini, tagliateli a metà e togliete i semi e l'acqua di vegetazione, tagliateli a spicchietti di mezzo centimetro, sbucciate la cipolla e affettatela sottilmente.

3. Sgocciolate il branzino e fatelo a pezzi medio grossi.

4. Versate il burghul in una ciotola e versate a filo 150 ml dell'acqua in cui avete cotto il pesce, in ogni caso seguite le indicazioni sulla confezione. Con una

forchetta sgranate i chicchi e lasciate assorbire l'acqua, fate riposare per 5 minuti.

5. Aggiungete i pomodori, la cipolla e il branzino, mescolate per amalgamare gli ingredienti, coprite con la pellicola e fate riposare in frigorifero per 10 minuti.

6. Lavate la menta, asciugatela e dividetela in ciuffetti, togliete il tabuleh dal frigorifero e aggiungete il curry, poi mescolate con cura per distribuirlo bene, condite con olio, sale e pepe, decorate con la menta e servite.

Tabuli

I tabuli sono una sorta di insalata estiva, una ricetta che ben si sposa con la bella stagione e con la voglia di aria aperta. Molto utilizzato dovrà essere il prezzemolo, consacrabile come ingrediente principale di questa ricetta libanese.

Ingredienti e dosi per 4 persone

- 200 gr Couscous
- 2 Cipollotti
- 1 mazzo Prezzemolo
- Qualche rametto Menta
- 2 Limoni
- 3 Pomodori
- 2 cucchiai Olio di oliva
- Sale q.b.
- Pepe q.b.

Preparazione

1. Versate il cuscus in una ciotola e copritelo con acqua fredda.

2. Lasciate riposare per 15 minuti per farlo gonfiare.

3. Nel frattempo, tagliate i pomodori in due, eliminate i semi e l'acqua di vegetazione e tagliateli a dadini piccoli.

4. Mondate i cipollotti conservando soltanto la parte bianca e sminuzzateli finemente.

5. Lavate e asciugate il prezzemolo e la menta e sminuzzate finemente le foglioline.

6. Spremete i limoni e filtrate il succo.

7. Scolate il cuscus in un colino a rete fitta e premete bene con il palmo della mano sulla superficie per estrarre più acqua possibile.

8. Trasferite il cuscus in una insalatiera e unitevi i cipollotti, il prezzemolo e la menta, il succo di limone e l'olio. Salate, pepate e mescolate bene.

9. Unite i dadini di pomodoro solo all'ultimo momento prima di servire.

10. Mescolate nuovamente e servite con panini arabi tagliati in due e scaldati oppure, in alternativa, con piadine romagnole.

Warak Inab

Le foglie di vite in Libano sono molto apprezzate, specialmente quando sono fresche e appena colte, per preparare uno degli antipasti più gustosi, ossia le foglie di vite ripiene. La procedura può risultare laboriosa e un po' noiosa ma ne vale davvero la pena. La ricetta è vegetariana, e va servita fredda.

Ingredienti e dosi per 4 persone
- 300g di Foglie di vite
- bicchiere di riso
- pomodori
- 300 g di prezzemolo
- 1/2 cipolla
- 1 patata media
- Acqua calda q.b.
- Sale q.b.
- 1 cucchiaino di pepe
- 1 cucchiaino di pimento
- Succo di 2 limoni
- 1 bicchiere di olio extra vergine d'oliva

Preparazione

1. Tagliare finemente il prezzemolo e lavarlo accuratamente, tagliare a cubettini i pomodori e la cipolla, e mettere il tutto in una ciotola capiente.

2. Unirci il riso, il succo di limone e infine l'olio extravergine d'oliva, salare e pepare e mescolare bene.

3. Questo è il nostro ripieno.

4. Ora prepariamo le foglie di vite, immergendole in acqua bollente per 30 secondi, poi stendendole su un piano e

togliendo il nervo centrale. A questo punto, si prende un cucchiaio di ripieno e si mette al centro della foglia, poi si chiude dai due lati e infine si arrotola, facendo attenzione a non fare fuoriuscire il ripieno. L'involtino deve risultare bello sodo.

5. Nel frattempo, si taglia la patata a rondelle e ci si riveste il fondo di una pentola antiaderente sul quale andremo a sistemare i nostri involtini.

6. Si dispongono a raggiera e si va avanti a fare degli strati fino al completamento di tutte le foglie, tra gli strati si possono mettere degli anelli di cipolla (facoltativo).

7. Ora si pressano con un piatto e si versa l'acqua calda salata fino a coprirle completamente, si chiude e si porta su un fuoco dolce e si lascia cuocere per 25 - 30 minuti fino a quando l'acqua non si sarà evaporata. Si serve freddo come antipasto e lo si potrebbe accompagnare con lo yogurt bianco.

White Coffee

Il White Coffee è una bevanda libanese preparata con un bicchierino da te riempito di acqua bollente con acqua d'arancio e zucchero.
Mescolando bene potrà essere degustato caldo.

Ingredienti e dosi per 1 persona

- 1 bicchierino da tè
- Acqua bollente
- 1 cucchiaino Acqua di fiori d'arancio
- Zucchero q.b.

Preparazione

1. Riempite un bicchierino da tè con l'acqua bollente, aggiungete l'acqua d'arancio e lo zucchero, mescolate bene e bevete caldo.

Za'atar

Un mix di spezie libanese, al cui interno si trovano principalmente timo, semi di sesamo e sommaco (è una spezia rossa, simile alla paprika alla vista, con un sapore asprigno che ricorda la scorza di limone).

Ingredienti e dosi per 4 persone

- 1/2 tazza di timo selvatico secco
- 1/4 tazza di maggiorana secca (opzionale)
- 3/4 tazza di sommacco
- 3/4 tazza di semi di sesamo
- 1/2 cucchiaino di cumino
- 1/2 cucchiaino di coriandolo
- 1/2 cucchiaino di shumar (finocchio)
- 1/2 cucchiaio da tavola di anice
- 1/2 cucchiaio da tavola di cannella in polvere
- 1/2 cucchiaio da tavola di sale (o al gusto)

Preparazione

1. Tostare i semi di sesamo e aggiungere tutte le spezie mescolando bene.

2. Può essere conservato in polvere o mescolato con dell'olio, formando una salsa che può essere spalmata sul pane o sulla pizza o anche sul formaggio fresco.

Lahem Meshwi

Spiedini di carne cotti alla griglia o al forno.

Ingredienti e dosi per 4 persone

- 500 gr di carne
- 1/2 bicchiere di aceto di vino bianco
- 1/4 bicchiere di olio di semi
- 1/2 cipolla
- Sale
- Pepe
- Peperoncino

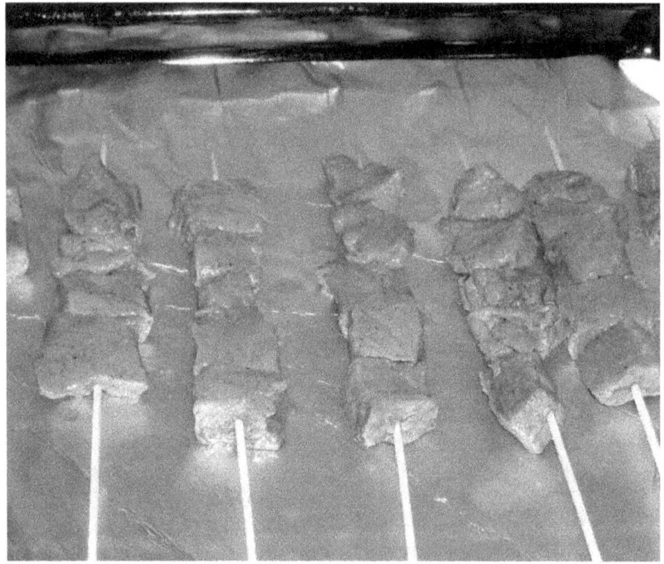

Preparazione

1. Tagliare la carne a cubetti di media grandezza.

2. Mettere in una ciotola capiente, dopodiché aggiungere l'aceto, l'olio il sale il pepe e il pimento e la cipolla tagliata in due pezzi, giusto per rilasciare l'aroma.

3. Mescolare bene il tutto e coprire con la pellicola alimentare e lasciare marinare in frigo per un'ora, anche due, più viene marinata più la carne risulterà tenera e gustosa.

4. Ora si mette la carne marinata sugli spiedini, poi sulla griglia o su un foglio di carta stagnola steso sulla teglia da forno si adagiano e si introducono in forno preriscaldata a 180° per 15-20 minuti.

5. E' anche possibile alternare pezzetti di cipolla e di pomodori con la carne.

6. Infine si servono caldi con il pane pita.

Pollo alla libanese

Un secondo piatto delizioso e molto particolare in cui il pollo sarà accompagnato da albicocche secche, arance, olive e liquore all'anice. La ricetta è molto semplice e la si può accompagnare con il riso.

Ingredienti e dosi per 4 persone

- 800 gr di sovracosce di pollo
- 2 Spicchi d'aglio
- 80 gr di albicocche secche
- 20 gr di olive nere
- Mezza arancia
- Mezzo Bicchiere di succo d'arancia
- Un Cucchiaio di succo di limone
- Un bicchierino di liquore all'anice
- Barbine di finocchio q.b.
- Due cucchiai di zucchero di canna
- Due cucchiai d'olio
- Sale q.b.
- Pepe q.b.

Preparazione

1. Spezzettate le albicocche secche e poi tritate l'aglio, spezzettate le barbine di finocchio e poi togliete la pelle del pollo e tagliate la polpa a pezzetti e mettetela in una ciotola.

2. Condite il pollo con il succo di arance e di limone, la scorza di arancia, lo zucchero, l'olio, il finocchio, l'aglio, le albicocche, le olive e il liquore. Unite sale e pepe e poi lasciate marinare in frigo per 12 ore.

3. Trasferite pollo e marinata in una teglia da forno oliata e fate cuocere in forno caldo a 180°C per 40 minuti, mescolate ogni tanto.

4. Decorate con fettine di arance e servite.

Torta di yogurt e arancia

Una deliziosa ricetta per preparare la torta di yogurt e arancia, un dessert sano e buonissimo da servire come dolce per concludere un buon pranzo; ovviamente questa deliziosa torta allo yogurt è ottima anche da gustare a merenda con un tè caldo.

Ingredienti e dosi per 4 persone

- 3 uova
- 60 gr di farina
- 1,2 dl di latte
- 1,5 dl di yogurt greco
- 40 gr di uvetta
- 50 gr di mirtilli, sia freschi sia surgelati
- 1 arancio
- Mezzo limone
- 60 gr di zucchero
- 1 bustina di vanillina
- 20 gr di burro

Preparazione

1. Grattugiate la scorza d'arancio e mettetela in una ciotola. Spremete il succo d'arancio, mettetelo in una ciotola e versateci dentro l'uvetta, fatela rinvenire per 15 minuti.

2. Separate i tuorli dagli albumi. Montate i tuorli con 50 gr di zucchero fino ad avere un composto chiaro e spumoso.

3. Aggiungete la farina setacciata, la vanillina, il latte, lo yogurt, l'uvetta, la scorza e il succo di arancia, mescolate e poi aggiungete gli albumi montati a neve ben ferma, incorporateli mescolando dal basso verso l'alto. Imburrate una teglia e versate dentro il composto.

4. Cuocete la torta a bagnomaria dentro il forno, sotto la nostra teglia con la torta dovete metterne un'altra con dell'acqua e che arrivi a coprire la teglia più o meno a metà.

5. Cuocete la torta in forno preriscaldato a 180°C per circa 30 minuti. Frullate i mirtilli con il succo di limone e lo zucchero rimasto. Sfornate la torta e servitela con la salsina ai frutti di bosco.

Salsa Tahina

La Salsa Tahina è una delicata salsa a base di yogurt e tahina
che viene utilizzata per accompagnare carni, soprattutto alla
griglia, pane o falafel. La salsa tahina viene realizzata con la
tahina, che è una pasta di sesamo, che potete trovare nei negozi
e negli ipermercati che vendono prodotti specifici. Se non
riuscite a trovare la tahina potete fare in casa la vostra crema di
sesamo.
Per fare la Tahina in casa, tostate 200 gr di semi di sesamo,
senza farli diventare neri. Fate raffreddare i semi di sesamo
tostati e poi frullateli con un tritatutto riducendoli in polvere.
Aggiungete ora alla polvere 100 gr di olio di sesamo o di semi e
un pizzico di sale; frullate il tutto fino a ottenere un composto
cremoso. Trasferite la crema di sesamo in un barattolo di vetro
sterilizzato, chiudetelo e fate raffreddare a testa in giù. Una
volta aperta, conservate la Tahina in frigorifero fino a un mese.

Ingredienti e dosi per 4 persone

- 150 gr di yogurt bianco
- 70 gr di tahina
- Succo di 1/2 di limone
- Un ciuffo di prezzemolo fresco
- 1/2 cucchiaino di aglio liofilizzato
- Sale q.b.
- Pepe q.b.

Preparazione

1. Mettere in una ciotola lo yogurt e aggiungere la tahina e
   il succo di limone.

2. Unire anche l'aglio, il prezzemolo tritato e il sale.

3. Amalgamare tutto e far riposare in frigorifero 10 minuti prima di servire.

4. La Salsa Tahina è pronta.

Makrout

Le makrout sono dolci di semola ripieni di frutta secca.

Ingredienti e dosi per 30 makroute

- Un kg di semola
- Tre tazzine da caffè di olio di semi
- Due tazzine da caffè di zucchero
- 1/2 cucchiaino da caffè di ammoniaca per dolci
- Scorza d'arancia
- Datteri snocciolati per il ripieno
- Miele
- Semi di sesamo

Preparazione

1. Per prima cosa tostate la semola per circa un minuto in una padella larga, per togliere l'umidità.

2. In una ciotola capiente mescolate la semola tostata con l'olio e lo zucchero, poi aggiungete gradualmente acqua bollente e impastate con le mani fino a ottenere un impasto liscio e compatto, facile da lavorare, che non si attacca alle dita.

3. Fate raffreddare l'impasto, poi aggiungete la scorza d'arancia, impastando ancora.

4. Mentre l'impasto si raffredda, tagliate i datteri a pezzetti e fateli ammorbidire in padella con un filo d'olio, finché non sono teneri; a questo punto passateli nel mixer per ottenere una crema densa e ruvida.

5. In alternativa alla crema di datteri si può fare anche una pasta di mandorle con 2 bicchieri di mandorle, 1 bicchiere di zucchero e 1 uovo.

6. Preriscaldate il forno a 150° e foderate una teglia con la carta da forno.

7. Prendete una pallina di impasto di semola e appiattitela con le mani fino a farne uno strato abbastanza sottile.

8. Disponete al centro dell'impasto così steso un po' di crema di datteri e poi richiudete l'impasto sopra alla crema, a formare una polpetta.

9. Date alla polpetta così ottenuta una forma leggermente ovale e schiacciata, poi segnate la polpetta con un coltello per ottenere il caratteristico disegno che vedete in foto.

10. Procedete nello stesso modo con tutto l'impasto, disponendo le polpette sulla teglia man mano che sono pronte, poi infornate il tutto a poco più di 150°.

11. Fate cuocere le makroute in forno finché la base di ciascuna polpettina non è appena colorita.

12. Nel frattempo, preparate il "miele".

13. Quando le makroute sono cotte e ancora calde dal forno, tiratele fuori con l'aiuto di una presina e tuffatele nello sciroppo di miele, 4 o 5 alla volta; trasferitele poi su un vassoio e spolveratele con i semi di sesamo.

14. Servite le makroute quando sono fredde.

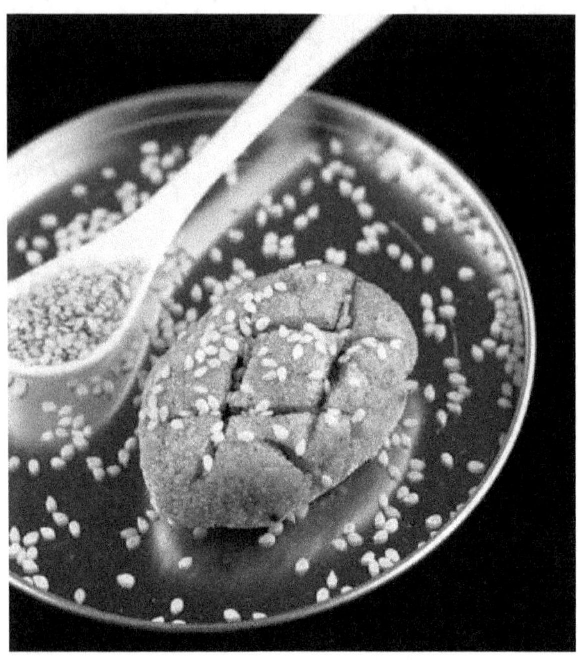

Per preparare il cosiddetto "miele", in una piccola pentola mettete lo zucchero, l'acqua, il succo di limone e il limone sbucciato e fate cuocere a fuoco moderato, mescolando di tanto in tanto per 15 minuti, fino a quando il liquido non somiglia al miele. Togliete il miele dal fuoco e lasciatelo raffreddare a temperatura ambiente.

Ingredienti per il miele

- 400 g di zucchero
- 1 bicchiere d'acqua
- 1 cucchiaino di succo di limone
- 1/2 limone privato della buccia

Maamoul

I maamoul sono dei piccoli, raffinati biscottini di pastafrolla senza uova ripieni di datteri, pistacchi o noci, tipici della cucina libanese. I maamoul sono buonissimi da soli, con una tazza di the o caffè arabo, ma possono essere accompagnati da un frosting che si chiama naatiffe, preparato come la meringa italiana con albumi montati a neve ferma e sciroppo di zucchero caldo, profumato con acqua di fiori d'arancio. Tradizionalmente questi biscotti, fatti a forma di pallina, di montagnetta o disco, si formano con un apposito stampo per maamoul, che li rende riccamente decorati; si può, tuttavia, prepararli facilmente anche a mano e decorarne la superficie con l'aiuto di una forchetta.

Ingredienti e dosi per 30/40 biscotti

- 150 gr di datteri denocciolati
- 1 pizzico di cannella
- 1 pizzico di allspice
- 1 pizzico di noce moscata grattugiata
- 1 pizzico di zenzero in polvere
- 1 pizzico di anice in polvere
- 1 pizzico di semi di finocchio in polvere
- 1 pizzico di chiodi di garofano in polvere
- 100 gr di zucchero
- 90 gr di acqua
- 1 cucchiaio di acqua di fiori d'arancio
- 25 gr di olio di semi
- 85 gr di burro chiarificato o margarina
- 125 gr di farina + un po' di farina in più per lo stampo
- 1 punta di cucchiaino da caffè di lievito per dolci

Preparazione

1. Ungete con un pochino di olio le lame del mixer e utilizzatelo per tritare i datteri, precedentemente tagliati al coltello per facilitare l'operazione, con 2 cucchiai di olio di semi e le spezie elencate: dovete ottenere una pasta di datteri abbastanza fine, ma non del tutto liscia.

2. A parte, preparate l'impasto dei biscotti.

3. In un pentolino, scaldate a fuoco medio lo zucchero, l'acqua e l'acqua di fiori d'arancio e fate bollire per circa un minuto, senza mescolare e muovendo appena il pentolino, fino a ottenere uno sciroppo non troppo denso.

4. Sciogliete intanto al microonde o in un secondo pentolino il burro chiarificato, o la margarina, insieme all'olio.

5. In una ciotola, mescolate la farina e il lievito, poi unitevi con un cucchiaio di legno prima l'olio, poi quando questo è stato assorbito anche lo sciroppo di zucchero.

6. Mescolate energicamente l'impasto con il cucchiaio di legno finché tutti i liquidi non saranno stati ben assorbiti dalla farina; dovete ottenere un impasto uniforme, abbastanza unto ma liscio e omogeneo.

7. Coprite l'impasto con della pellicola da cucina e fatelo raffreddare in freezer per 5/10 minuti.

8. Trascorso il tempo indicato, cominciate a formare i biscotti.

9. Se avete un apposito stampo, infarinatelo bene e riempitelo con un sottile strato di impasto come base, una punta di cucchiaino di ripieno di datteri e un altro

sottile strato di impasto a chiudere il biscotto. Questa operazione da fare con gli stampi non è semplicissima: armatevi di pazienza, consapevoli che dopo qualche biscotto non riuscito dovreste poter procedere agilmente fino a esaurimento ingredienti.

10. Se non avete lo stampo per maamul formate dei dischi di impasto, disponetevi al centro un po' di ripieno di datteri e richiudete l'impasto a formare una pallina o una piccola montagnetta.

11. Quando siete a buon punto con le forme, preriscaldate il forno a 180°.

12. Disponete i biscottini su una teglia ricoperta di carta da forno e fateli cuocere nel forno già caldo per circa 20 minuti, girando la teglia a metà cottura, finché la base dei biscotti non è bionda. Questi biscotti devono rimanere piuttosto pallidi, quindi non fateli cuocere troppo.

13. Fate raffreddare bene i maamoul, poi decorateli con una spolverata di zucchero a velo; conservate i biscotti in una scatola di latta ben chiusa, sapendo che se ben conservati migliorano dopo qualche giorno, grazie alla presenza delle spezie che ne arricchiscono il profumo.

Layali Lubnan

Il Layali Lubnan è una delizia per il palato. Un dessert al cucchiaio semplice da preparare, che si può farcire con la frutta che preferite. Layali vuol dire notti in arabo e Lubnan è il Libano. La 'Notte del Libano', così si chiama questo dolce, forse perché è bianco come lo sono le notti del Libano.

Ingredienti e dosi

- 1 litro di latte
- 8 cucchiai di semolino
- 125 gr di panna montata
- 150 gr di pistacchio tritato
- 1/4 di cucchiaino di gomma arabica a piacere

Ingredienti per lo sciroppo
- 1 bicchiere d'acqua
- 1 bicchiere di zucchero
- 2 gocce di limone

Preparazione

1. Fate bollire il latte, aggiungete il semolino e la gomma arabica, mescolando sempre, così non si formano i grumi, finché il semolino è cotto, poi mettete il composto nei bicchierini e lasciateli a raffreddare nel frigo.

2. Mentre si raffredda il semolino, procedete con lo sciroppo, facendo bollire l'acqua con lo zucchero e infine aggiungete le gocce di limone.

3. Montate la panna e mettetela sul semolino, poi mettete il pistacchio tritato e lo sciroppo, se volete potete aggiungere le fragole o qualsiasi tipo di frutta.

Sayyadieh

Un piatto di mare molto gustoso.

Ingredienti e dosi

- 1 kg di filetti pesce
- 1/2 kg riso
- 1 cipolla
- 2 pomodori
- 2 cucchiai di succo di limone
- Spezie : 1 cucchiaio di cumino, 1/2 cucchiaino di zenzero, 1/2 cucchiaio di cannella, un pizzico di pepe nero e peperoncino
- Sale q. b.
- Acqua
- Farina per quando si frigge il pesce
- 1/4 bicchiere d'olio d'oliva per friggere il pesce

Preparazione

1. Mettete a bagno il pesce con il cumino e il limone e del
    sale per mezz'ora.

2. Friggete poi il pesce.

3. Su una pentola mettete la cipolla tagliata a strisce e il
    pomodoro e rosolateli.

4. A questo punto appoggiate il pesce sulla cipolla e il
    pomodoro.

5. Aggiungete il riso e le spezie e poi l'acqua bollente. La
    quantità d'acqua dipende dal tipo di riso che userete.

6. Il riso ribe va benissimo per questo tipo di ricette.
    Quando il riso sarà cotto, rovesciate la pentola su un
    vassoio da portata.

Basboussa al cocco

Ingredienti e dosi

- 1 bicchiere di semolino di riso
- 1 bicchiere di cocco disidratato più mezzo per la copertura
- 1 bicchiere di latte
- 1 bicchiere di farina di riso
- 1 bicchiere di zucchero di canna
- 1 bicchiere di olio di semi di girasole
- 2 uova
- 1/2 bustina di lievito per dolci
- Bacca di vaniglia

Per lo sciroppo:
- 1 bicchiere di zucchero
- 1 bicchiere di acqua

Preparazione

1. Mettete tutti gli ingredienti in un recipiente capiente e amalgamate bene con fruste elettriche.

2. Imburrate una teglia rettangolare e versate il composto, cuocete in forno a 180°C per 35 minuti.

3. Mentre il dolce cuoce preparate lo sciroppo.

4. In un tegamino di acciaio con doppio fondo mettete lo zucchero e l'acqua, fatelo bollire per 15 minuti.

5. Spegnete e lasciate raffreddare.

6. Quando la torta sarà cotta lasciatela nella teglia, spennellate bene con lo sciroppo preparato e versate il cocco disidratato.

7. Lasciatela raffreddare e tagliatela a dadini.

www.ingramcontent.com/pod-product-compliance
Lightning Source LLC
LaVergne TN
LVHW050613200726
843508LV00010B/1836